AF314522

NOTICE

DES LIVRES

ANCIENS ET MODERNES

COMPOSANT LA BIBLIOTHÈQUE

De feu M. le docteur L****.

La Vente aura lieu les Lundi 19, Mardi 20 et Mercredi 21 Mai 1862,

à SEPT HEURES de relevée.

Rue des Bons - Enfants, 28,

Par le ministère de **Me FOURNEL**, commissaire-priseur,
Rue de l'Échiquier, 40.

ON Y REMARQUE : *Le Traité d'Anatomie* de Bourgery et Jacob.—
Atlas des plus mémorables batailles des temps anciens et modernes.—
Les Tableaux de la Révolution, avec les figures de Duplessis-Bertaux.
—*Paris dans sa splendeur.*—*Monuments de Ninive,* publ. par Botta.
—*La collection orientale,* 8 vol. gr. in-fol., etc., etc.

PARIS

J. F. DELION, LIBRAIRE, SUCCESSEUR DE R. MERLIN,
QUAI DES AUGUSTINS, 47.

1862

ORDRE DES VACATIONS.

1re *Vacation : Lundi* 19 *Mai* 1862.

N°s 1 à 129.

2e *Vacation : Mardi* 20.

N°s 130 à 225.

3e *Vacation : Mercredi* 21.

Environ 2000 volumes de bons ouvrages de Sciences, de Médecine, de Littérature et d'Histoire, qui seront vendus par lots.

CONDITIONS DE LA VENTE :

Les livres vendus devront être collationnés sur place, dans les 24 heures de l'adjudication. Passé ce délai, ou une fois sortis de la salle de vente, ils ne seront repris pour aucune cause.

Les articles au-dessous de 12 francs ne seront admis à rapport que dans les cas où ils seraient incomplets par enlèvement de feuillets ou de portion de feuillet emportant du texte; ils ne seront pas repris pour taches, mouillures, déchirures, piqûres ou autres défectuosités.

Les adjudicataires payeront, en sus des enchères,
5 centimes par franc.

Le libraire chargé de la vente recevra les commissions des personnes qui ne pourraient y assister.

Il y aura, chaque jour de vente, exposition de 1 à 3 heures.

NOTICE

DES LIVRES

De feu M. le Docteur L*.**

---

1. Biblia sacra, vulg. edit. *Antuerpiæ, Plantin*, 1650, in-4, v.   *2*

2. La sainte Bible, trad. par de Sacy. *Paris, impr. de Monsieur*, 1791, in-8, fig. de Marillier, tom. I à IV, et part. du tom. V^e, cart.   *7*

3. Novum Jesu Christi Testamentum, vulgatæ edit. *Bruxellis, Fricx*, 1696, petit in-12, réglé, mar. rou., fil., tr. dor.   *9*
      Aux armes de Paul de Caumartin, évêque de Vannes.

4. Le Nouveau Testament de N. S. Jésus-Christ, trad. sur l'édit. Vulgate (par Nicole, etc.). *Mons, G. Migeot*, 1668, in-12, mar. rou., fil. tr. dor. (*Rel. anc.*)   *3*

5. La Perpétuelle Croix, ou Passion de N. S. Jésus-Christ, trad. du lat. du P. Judoque Andriez. *Paris*, 1651, pet. in-12, fig. mar.   *4.2*

6. 31 vignettes religieuses : les apôtres, etc., grav. par Thomas de Leu, Ant. Wierx, Phil. Galle, Goltzius et autres.   *5*

7. Histoire de Samson, 40 planches grav. par F. Verdier. In-4 obl., dem.-rel.   *4*

8. Q. Sept. Flor. Tertuliani opera, cum Nic. Rigaltii notis. *Paris.*, 1675, in-fol., v. br.   *5*

9. Spicilegium Solesmense, complectens sanctorum Patrum scriptorumque ecclesiasticorum anecdota hactenus opera, selecta e græcis orientalibusque et latinis codicibus, cu-   *12*

(2)

rante domno J. B. Pitra. *Paris., F. Didot*, 1855, gr. in-8,
3 vol., br.

10. Le Commerce dangereux entre les deux sexes; traité
moral et historique (par l'abbé Drouet de Maupertuis).
Bruxelles, 1715, in-12, v.

11. Preces piæ. Petit in-8, rel. en soie.

    Manuscrit dn xive siècle, sur vélin, avec un grand nombre d'initiales
ornées d'arabesques et trois miniatures. Ce volume est incomplet.

12. Preces piæ. Petit in-8, v. ant., dent. avec fermoir.

    Manuscrit dn xve siècle, sur vélin, contenant 9 capitales entourées
d'ornements variées. Il manque le premier feuillet qui suit le calendrier.

13. Preces piæ. Petit in-8, mar. noir, fil.

    Manuscrit en langue flamande du xve siècle, sur vélin. Il est orné de
6 miniatures et de 11 capitales à dessins variés; le tout rehaussé d'or.

14. L'Office de la semaine sainte, corrigé de nouveau.
Paris, Ch. Fosset, s. d., in-8, mar. rou. semé de fleurs
de lis et de L couronnées.

15. Relation sur le Quiétisme, par Bossuet. *Paris, J. Anis-
son*, 1698, in-8, v.

    Édition originale.

16. Sulpitii Severi opera. *Lugd. Batav., ex off. Elzev.*, 1656,
pet. in-12, v.

17. Joh. Nicolai disquisitio de nimbis antiquorum. *S. l.*,
1699, pet. in-12, fig., dem.-mar.

18. Inscriptions chrétiennes de la Gaule antérieures au
viiie siècle, réunies et annotées par Edm. Le Blant. *Paris,
Imp. Impér.*, 1856, in-4, tom. I, br.

19. Histoire de la papesse Jeanne, tirée de Spanheim (par
Jacq. Lenfant). *La Haye*, 1736, in-12, fig., 2 vol. vél.

20. Le Népotisme de Rome, ou Relation des raisons qui
portent les papes à agrandir leurs neveux. *S. l. (Holl.
Elzev.)*, 1669, pet. in-12, 2 vol. dem.-v.

21. Mémoires des Intrigues de la cour de Rome, depuis
1669 jusques en 1676. *Paris, Michallet*, 1677, petit
in-12, dem.-v.

22. La Vie de madame de Miramion (par l'abbé de Choisy). *Paris*, 1706, in-12, v.

23. Le Catéchisme des Jésuites, ou le Mystère d'Iniquité révélé par ses supposts (par Est. Pasquier). *Villefranche, Guil. Grenier*, 1677, pet. in-12, vél.

24. Calendrier historico-critico-monastique pour toute année possible à l'usage des anti-moines. *A Libreville, dans le cours du* XVIIIe *siècle*. Pet. in-8, bas.

> Manuscrit du siècle dernier, contenant 367 pages sur papier.

25. Statuta Hospitalis Hierusalem. *S. l. n. a.*, fig. (*Titre doublé.*)=Les Vies des Saincts et des Sainctes de l'ordre de Sainct-Jean de Jerusalem, par J. Baudouin. *Paris*, 1621, fig., in-fol., v.

26. Statuti della sacra religione gierosolimitana. Pet. in-fol., parch.

> Manuscrit italien daté de 1574. Il contient 111 feuillets.

27. Recueil de 43 pièces et de 14 figures relatives aux miracles du diacre Paris, en 1731 et 1732. In-4, v.

28. Histoire du Fanatisme dans la religion protestante, depuis son origine, par le P. Catrou. *Paris*, 1733, in-12, 2 vol., v.

> Aux armes de la comtesse de Verrue.

29. Monuments de la Mythologie et de la poésie des Celtes (Edda), par Mallet. *Copenhague*, 1756, in-4, dem.-cuir de Russie.

30. La Vie de Mahomet, par Prideaux. *Amst., Geo. Gallet*, 1698, in-12, fig. de Rom. de Hooge, v. m.

31. Commentaire sur le Yaçna, l'un des livres religieux des Parses, par E. Burnouf. *Paris, Imp. Roy.*, 1833, in-4, tome I en 2 part., br.

32. Lois de Manou, comprenant les institutions religieuses et civiles des Indiens, trad. du sanscrit, avec des notes par Loiseleur-Deslongchamps. *Paris, Crapelet*, 1833, in-8, dem.-rel.

33. Cérémomies et coutumes religieuses de tous les peu-

ples représentées par des figures dessinées par Bern. Picart, avec des explications. *Amst.*, *J. F. Bernard*, 1723-28, in-fol., 7 vol., v. m. fil. tr. dor.

---

34. C. Plinii sec. naturalis historia. *Lugd. Batav., ex off. Elzev.*, 1635, pet. in-12, 3 vol., v. f.

35. H. Persoon synopsis plantarum. *Paris.*, 1805, in-12, 2 vol., dem.-rel.

36. Manuel de Botanique à l'usage des amateurs et des voyageurs, par F. Lebreton. *Paris, Prault*, 1787, in-8, pap. vél., fig. color., mar. rou., fil., tr. dor.

Exemplaire aux armes de la reine Marie-Antoinette.

37. Histoire de la Médecine, par Daniel Le Clerc. *Amst.*, 1702, in-4, v.

38. Joa. Jac. Mangeti bibliotheca scriptorum medicorum veterum et recentiorum. *Genevæ*, 1731, in-fol., 2 vol., v. m.

39. Godef. Bidloo anatomia humani corporis, centum et quinque tabulis per G. de Lairesse ad vivum delineatis demonstrata. *Amst., Joa. a Someren*, 1685, in-fol. max., v. br.

40. Traité complet de l'anatomie de l'homme, comprenant la médecine opératoire, par le docteur Bourgery, avec planches lithogr. d'après nature, par Jacob. *Paris, Delaunay*, 1844, in-fol., fig. noires, 8 vol. en livr.

41. De l'Homme et de la Femme considérés physiquement dans l'état du mariage, par de Lignac. *Lille*, 1779, in-12, fig., 3 vol. v. m.

42. Mémoires de l'Académie royale de médecine. *Paris, Baillière*, 1828, in-4, tome I, br.

43. Archives générales de Médecine, publ. par une société de Médecins. *Paris, Béchet*, 1823-32, in-8, 30 vol. cart.

44. Gazette médicale de Paris, de 1833 à 1861, en 29 cart. in-4.

45. Journal de Médecine et de Chirurgie pratiques, par Lu-

cas Championnière. Janvier 1841 à décembre 1855.
In-8, 15 vol. en livr.

46. Traité de la Thériaque et Mithridat, par Nic. Hovel,
apothicaire à Paris. *Paris, Jean de Bordeaux*, 1573, pet.
in-8, parch. (*Mouillures.*)

47. Notice des hommes les plus célèbres de la Faculté de
Médecine en l'Université de Paris, depuis 1110 jusqu'en
1750 (inclusivement), rédigée par J. A. Hazon. *Paris*,
1778, in-4, dem.-cuir de Russie.

48. Guill. Pisonis de medicina Brasiliensi lib. IV et Geo.
Marcgravii de Liebstat historiæ rerum naturalium Brasi-
liæ lib VIII. *Lugd.-Batav.*, *L. Elzev.*, 1648, in-fol.,
fig., v. f.

-----

49. Pend-Namèh, ou le Livre des conseils de Ferid-eddin
Attar, trad. et publ. par Silvestre de Sacy. *Imp. Roy.*,
1819, in-8 encadré, br.

50. Conseils de Nabi Efendi à son fils Aboul Khair, publ.
en turc avec la traduction française, et des notes par
M. Pavet de Courteille. *Paris, Imp. Impér.*, 1857, grand
in-8, br.

51. Le livre d'Abd-el-Kader, intitulé : Rappel à l'intelli-
gent, avis à l'indifférent, trad. par Gust. Dugat. *Paris*,
Benj. Duprat, 1858, in-8, br.

52. Les Caractères des passions, par le sieur de la Chambre.
Amst., Ant. Michel (Elzev.), 1668, pet. in-12, 5 tom. en
3 vol., rel. diverses.

53. L'Histoire de Chelidonius Tigurinus sur l'Institution
des Princes chrétiens et Origine des royaumes, trad. du
latin par P. Boaisteau. *Anvers, J. Monnois*, 1578, in-16, v.

54. L'Utopie de Th. Morus, trad. par Gueudeville. *Leide*,
1715, in-12, fig., dem.-rel.

-----

55. De Miraculis occultis naturæ lib IV, auct. Levinio Lem-
nio. *Antuerpiæ, Plantin*, 1574, in-8, v.

56. Véritable or potable, ou Médecine universelle. Petit in-8, mar. vert, large dentelle, tr. dor.

Manuscrit du siècle dernier, de 56 pages. Il est signé Hébert, et dédié au comte de Saint-Florentin, dont la reliure porte les armoiries.

57. Apologie pour les grands hommes soupçonnés de Magie, par G. Naudé. *Amst.*, 1712, pet. in-8, v.

58. Les admirables Secrets d'Albert le Grand. *Lyon*, 1729, pet. in-12, fig., v. f., fil.

59. Les Prophéties de Me Michel Nostradamus. *Troyes, P. Chevillot, s. d.*, pet. in-8, parch.

60. Les mêmes. *S. l.*, pet. in-8, v.

---

61. Exposé des signes de numération usités chez les peuples orientaux anciens et modernee, par Pihan. *Paris, Imp. Impér.*, 1860, in-8, br.

62. Nouvelle invention de lever l'eau plus haut que sa source avec quelques machines mouvantes par le moyen de l'eau, etc., par Isaac De Caus. *Londres, Th. Davies*, 1657, pet. in-fol., fig. (26), bas.

63. La Perspective, avec la raison des ombres et miroirs, par Sal. de Caus. *Londres, J. Norton*, 1612, in-fol., fig., v. (*Fatigué.*)

64. Tableaux du Temple des Muses, avec les descriptions, par Mich. de Marolles. *Paris*, 1655, in-fol., fig., dem.-rel. (*Mouillures.*)

65. L'Art de peindre, poëme, par Watelet. *Paris*, 1760, in-4, fig., bas. fil.

66. La Peinture, poëme, par Lemierre. *Paris, Lejay, s. d.*, gr. in-8, vignettes de Cochin, v. m.

67. Vies des premiers peintres du Roi (par Lépicié). *Paris*, 1752, in-12, 2 tom. en 1 vol., v.

68. Twenty five illustrations of the picturesque annual for 1836, publ. by Ch. Tilt. In-fol.

69. Architecture de Vitruve : 65 planches et vignettes, grav. d'après les dessins de Perrault. In-fol., parch.

70. Effets de l'air sur le corps humain considérés dans le son; ou discours sur la nature du chant (par le Mis de Mezières). *Paris*, 1760, pet. in-12, fig., v. m., fil.

71. La Danse ancienne et moderne, ou traité historique de la danse, par de Cahusac. *Lahaye*, 1754, pet. in-12, 3 tom. en 1 vol., v.

72. Cælii Apitii de re culinaria lib. X. B. Platinæ de tuenda valetudine, natura rerum et popinæ scientia lib. X. P. Æginetæ de facultatibus alimentorum tractatus. *Lugd., Gryphius*, 1541, pet. in-8, v.

---

73. Grammaire française à l'usage des Arabes de l'Algérie, de Tunis, de Maroc, etc., par G. Dugat. *Paris, Imp. Impér.*, 1854, in-8, br.

74. Grammaire de la langue tibétaine, par Ed. Foucaux. *Paris, Imp. Impér.*, 1858, in-8, br.

75. Méthode pour déchiffrer et transcrire les noms sanscrits qui se rencontrent dans les livres chinois, inventée et démontrée par M. Stan. Julien. *Paris, Imp. Impér.*, 1861, in-8, br.

76. Amours de Théagène et Chariclée, histoire éthiopique. *Paris, Coustelier*, 1743, in-12, fig., 2 vol., v. m. fil., tr. dor.

77. Les cent Nouvelles nouvelles. *Cologne, P. Gaillard*, 1786, in-12, fig., 4 vol., v. m. fil.

78. De la collection du Comte d'Artois. *Paris, Didot a.*, 1780, 10 vol. in-18, mar. vert. : Zayde, 2 vol.; Siége de Calais, 2 vol.; Conjuration contre Venise, 1 vol.; Roger et Gertrude, 1 vol.; Boileau, 2 vol. (dem.-mar.); les Jardins, 1 vol.; Contes moraux, 1 vol.

79. Les Avantures d'Aristée et de Télasie, histoire galante et héroyque (par de Castre d'Aurigny). *Paris, Ve Guilluume*, 1731, in-12, 2 vol., v. m.

   Aux armes de madame de Pompadour.

80. Le prince de Condé, par Boursault. *Paris, Le Breton,* 1739, in-12, v. m.

> Aux armes de la princesse de Condé.

81. Les Aventures de Télémaque. *Paris, P. Didot a.,* an **VII**, in-18, pap. vél., fig., 2 vol., v. gr., fil. tr. dor.

82. Le Temple de Gnide, suivi d'Arsace et Isménie, par Montesquieu. *Paris, Didot a.,* 1796, in-4, pap. vél., 7 fig. tirées en couleurs, bas. fil.

83. Lettres persanes (par Montesquieu). *Amst., P. Brunel,* 1721, in-12, 2 vol., v. br.

84. Lettres d'une Péruvienne, par mad. de Graffigny. *Paris, Didot a.,* 1797, in-18, pap. vél., fig. avant la lettre, 2 vol., br.

85. Les Avantures de **M.** Robert de Beauchêne, capitaine de Flibustiers, dans la Nouvelle France, par Lesage. *Paris,* 1732, in-12, fig., 2 vol., v. m.

86. Sylvie (par Watelet). *Londres,* 1743, pet. in-8, fig. de Watelet, v. m.

87. Acajou et Zirphile, conte (par Duclos). *Minutie,* 1744, pet. in-12, fig. de Gillot, v. m.

88. Galanteries des rois de France, depuis le commencement de la monarchie (par Vanel). *Bruxelle,* 1694, pet. in-8, 2 tom. en 1 vol. vél.

89. Le Triomphe de la déesse Monas, ou l'histoire du portrait de Madame la princesse de Conti, fille du Roi. *Amst., L. du Val,* 1695.═Histoire de don Antoine, roi de Portugal, par mad. de Sainctonge. *Ib.,* 1696.═Les deux Amants ou les Amours de Marc Antoine et de Théodose, de D. Raphaël et de Léocadie, nouvelle historique. *Ib.,* 1707, pet. in-12, dem.-cuir de Russie.

90. Histoire de l'admirable don Quichotte de la Manche (trad. par Filleau de St-Martin). *Amst., P. Mortier,* 1695, pet. in-12, fig., 5 vol., mar. vert, fil., tr. dor.

91. La même (trad. par Filleau de Saint-Martin).
Amst., *P. Humbert*, 1735, petit in-12, demi-chagr.

92. Le Tableau des riches inventions couvertes du voile des
feintes amoureuses qui sont représentées dans le songe de
Poliphile, desvoilées des ombres du songe et subtilement
exposées, par Béroalde. *Paris, Guillemot,* 1609, in-4,
frontispice et fig. sur bois, parch.

93. Facetiæ facetiarum, hoc est joco-seriorum fasciculus.
Francof. ad M., 1615, pet. in-12, v.

94. Le second, tiers et quart livres de Pantagruel, composés par Me François Rabelais. *Valence, Cl. La Ville*,
1547, in-16, figures, 2 vol., v. (*Fatigués.*)

95. Éloge de la Folie, par Érasme, avec les figures d'Hol-
bein, trad. par Gueudeville, *Leide*, 1728, in-12, v. m.

96. L'Éloge de la Folie, trad. par Gueudeville. *Paris*,
1752, in-12, fig. de Eisen, v. m. fil.

97. Dictionnaire d'amour (par de Propiac). *Paris, Chau-
merot* 1808.==Contes en vers, par D*** (Daillant de La
Touche). *Paris*, 1783, in-8, dem.-rel.

98. LIII Arrests d'amours. Aresta amorum, cum Bened.
Curtii commentarius. *Rouen, Raphaël du Petit Val*, 1587,
in-16, v. rac. fil.

99. Recherches sur les prérogatives des Dames chez les
Gaulois, sur les cours d'amour, etc, par le président Rol-
land. *Paris*, 1777, in-12, dem.-rel.

100. Ésope en belle humeur, ou la dernière traduction de
ses fables, en prose et en vers (par J. Bruslé). *Bruxelles*,
Foppens, 1700, in-12, fig., 2 vol. v.

101. Les Géorgiques de Virgile, en vers, par Delille. *Paris*,
Didot a., 1782, in-18, pap. fin, mar. rou., fil., tr. dor.
(*Bozérian.*)

102. Phædri fabulæ. *Paris , Coustelier*, 1742.==Fabula-
rum æsopiarum lib. V. *Glasguæ, Foulis*, 1754, in-12,
v. m., fil., tr. dor.

103. Theod. Bezæ poemata. M. A. Mureti et Joa. Secundi
Juvenilia. *Lugd.-Bat. (Paris., Barbou)*, 1757, in-12,
3 part. en 1 vol., v. m., fil., tr. dor.

104. Les Œuvres de François Villon. *Paris, Coustelier*,
1723, in-12, v.

105. Les Amours, par P. Ronsard. *Paris, Nic. Buon*, 1617,
petit in-12, rel.

106. Satyres et autres œuvres de Regnier, accompagnées
de remarques historiques (par Brossette), édition aug-
mentée (par Lenglet du Fresnoy). *London, Jac. Tonson*,
1733, in-4, encadré, v. rac., fil., tr. dor.

107. Recueil des énigmes de ce temps (par l'abbé Cotin),
Paris, Ant. de Sommaville, 1638, petit in-12, 3 parties
en 1 vol. rel.

108. Poésies choisies de MM. Corneille, Benserade, de Scu-
déry, etc. *Paris, Ch. de Sercy*, 1657, petit in-12, vél.

Tome Ier du rare recueil dit de Sercy.

109. La Muse historique, ou recueil de lettres en vers, contenant les nouvelles du temps écrites à S. A. mademoi-
selle de Longueville, par Loret. *Paris, Ch. Chenault*, 1658,
in-fol., livres I à V, du 4 mai 1650 à décembre 1654,
plus, livre XI, année 1660.

110. Œuvres de Boileau, avec des éclaircissements historiques données par lui-même. *Genève, Fabri*, 1716,
in-4, portraits et fig., 2 vol., v. gr.

111. Œuvres de M. de la Fontaine. *Anvers, Sauvage*, 1726,
gr. in-4, figures et vignettes, v. f., tr. dor.

Tome Ier, contenant les contes.

112. Œuvres de Vergier. *Londres (Paris, Cazin)*, 1780,
in-18, 3 vol. dem.-mar.

113. Le Vice puni, ou Cartouche, poëme, par Grandval,
avec un dictionnaire d'argot. *Paris*, 1768, in-8, fig.. v.
mar.

114. OEuvres de P. J. Bernard. *Paris, Didot a,* 1797, in-4,
pap. vél., fig. de Prudhon, cart.

115. Les Saisons, poëme, par Saint-Lambert. *Paris, P.
Didot a.,* 1796, gr. in-4, pap. vél., fig., br.

116. Les Mois, poëme en douze chants, par Roucher. *Paris, Quillau,* 1779, in-4, fig. de Moreau jeune, 2 vol.
bas. fil.

117. La grande Bible renouvellée, ou Noels nouveaux.
Troyes, Garnier, s. d., petit in-8, demi.-cuir de Russie.

118. Poésies nationales et religieuses françaises, italiennes,
turques et persanes, par Ch. Vernay, à l'âge de 11 à
16 ans, seul Européen poëte asiatique. *Paris, Franck*
1860, gr. in-8, 2 vol. br.

119. Le Bhagavad - Gîta ou le chant du bienheureux,
poëme indien, trad. par Em. Burnouf. *Paris, Duprat,*
1861, in-8, br.

120. Le Ramayana de Valmiki, trad. du sanscrit par V. Pa-
rizot. Tome Ier, Adikanda. *Paris, B. Duprat,* 1853,
in-8, br.

121. Rgya Tch'er Rol Pa, ou développement des jeux contenant l'histoire du bouddha Cakya-Mouni, trad. sur la
version tibétaine, par E. Foucaux. *Paris, I. R.,* 1847-48,
in-4, 6 pl., 2 vol. br., avec le supplément.

122. Poésie héroïque des Indiens, comparée à l'épopée
grecque et romaine, avec analyse des poëmes nationaux
de l'Inde, par Eichhoff. *Paris, A. Durand,* 1860, in-8, br.

123. Franc. Ficoronii dissertatio de larvis scenicis antiquorum Romanorum. *Romæ,* 1750, in-4, 85 fig., v. m.

124. Pub. Terentii Comœdiæ, italicis versibus redditæ,
cum personarum figuris. *Urbini,* 1736, in-fol., dem. rel.

125. Les OEuvres de Molière. *Amst., Jacques le Jeune (Elz.),*
1679, pet. in-12, tom. I, III et IV, v.

126. Les OEuvres de Molière et œuvres posthumes. *Amst.,
Jacques le Jeune,* 1684, pet. in-12, fig., 5 vol. v.

127. Les Comédies de Marivaux. *Paris*, 1732, in-12, 7 vol.
v. m.

128, OEuvres d'Alexis Piron (Théâtre). *Paris, Duchesne*,
1758, in-12, vign. de Cochin, 3 vol., v. m.

129. Théâtre et œuvres diverses de Pannard. *Paris*, 1763,
in-12, 4 vol., v. m.

---

130. Atlas historique universel, trad. de Chr. et Fr. Kruse,
par Ph. Lebas et Ansart, 3ᵉ édit. *Paris, Hachette*, 1841,
in-fol. demi-mar.

131. Historisch-geographischer Hand-Atlas, in-36 Karten,
von Rudolph von Wodell. *Glogau, s. a.*, in-fol, cart. en
percal.

132. Voyage autour du monde fait de 1740 à 1744, par
Geo. Anson, trad. de l'angl. *Paris*, 1764, in-12, fig.,
5 vol., v. gr. fil.. tr. dor. (*Derome.*)

133. Eusebii Pamphili chronicorum canonum libri duo,
opus a doct. Joh Zohrabo expressum, Ang. Mains et J.
Zohrabus latinitale donatum. *Mediolani*, 1818, in-4, br.

134. Chronicorum liber (auct. Schedel). *Nurembergœ*, 1493,
gr. in-fol. v. m. (*Raccommodages.*)

Cet ouvrage, connu sous le nom de la Chronique de Nuremberg,
contient environ 2000 figures gravées sur bois.

135. Atlas des plus mémorables batailles, combats et siéges
des temps anciens, du moyen âge, et de l'âge moderne,
en 200 feuilles, rédigé d'après les meilleures sources, par
F. de Kausler, major wurtembergeois. *Carlsruhe*,
Herder, 1831, texte in-4 et atlas gr. in-fol. demi-mar.

En allem. et en français.

136. Essai sur le classement des monnaies d'argent des
Lagides, par Franc. Lenormant. *Blois, Lecesne*, 1856,
in-8, fig.

137. Antiquités sacrées et profanes des Romains, ex-
pliquées par M. A. V. N. *La Haye, Alberts*, 1726, in-fol.
fig. v. f.

Texte latin et français.

138. Numismata ærea Imperatorum , Augustarum et Cæsarum in coloniis, municipiis, etc. percussa, auct. J. F. Vaillant. *Paris.*, 1695, in-fol., fig., v. m.

139. Recueil de médailles des rois, qui n'ont point encore été publiées ou qui sont peu connues (par Pellerin). *Paris*, 1762, in-4, fig., v. m.

140. C. Jul. Cæsariis commentarii. *Paris., Barbou*, 1755, in-12, 2 vol., v. m., fil., tr. dor.

141. C. Crispi Sallustii de conjuratione Catilinæ. Ejusd. de bello Jugurthino, etc. *Venetiis, in ædib. Aldi*, 1509, pet. in-8, demi-mar. (*Notes manuscrites.*)

142. C. Sallustius, cum veterum historicorum fragmentis. *Lugd. Bat., ex off. Elzev.*, 1634, pet. in-12, vél.
Bonne édition sous cette date.

143. Abrégé chronologique de l'histoire de France, par Mezeray, avec l'avant Clovis. *Amst., Abr. Wolfgang*, 1673-74 et 1688, in-12, fig., 7 vol., v.
Avec la signature de Ledieu, chancelier de l'église de Meaux et secrétaire de Bossuet.

144. Histoire de France et l'origine de la maison royale, par le P. Adrien Jourdan. *Paris, Cramoisy*, 1679, in-4, 3 vol., mar. rou., fil., tr. dor. (*Rel. anc.*)
Ces trois volumes contiennent l'histoire de la première race.—Le dernier est relié aux armes de Condé.

145. Histoire des rois de France depuis Pharamond jusqu'à Louis XV, composée de soixante-cinq planches en taille-douce, par N. de Fer. *Paris, Danet*, 1722, in-4, v. fil., tr. dor.

146. Entrée et réception de messieurs les enfans de France, avec la réception de la reyne Alsenor, qui fut le vendredy premier jour de juillet mil cinq cent et trente. Pet. in-8, mar. rou.
Copie figurée de 4 feuillets sur vélin, avec deux blasons.

147. Satyre Menippée de la vertu du Catholicon d'Espagne et de la tenue des Estats de Paris, etc. *S. l.*, 1694, pet. in-12, v. rac.

148. Satyre Ménippée (avec les notes de Le Duchat.) *Ratisbonne*, 1726, pet. in-8, fig. 3 vol., v. br.

149. Mémoires des sages et royales économies d'Estat, domestiques politiques et militaires de Henry le Grand... par Sully. *Amst.* (aux trois V verds), *s. d.* (1638), in-fol. 2 tom. en 1 vol. v. m.
Édition originale.

150. Commentaires de messire Blaise de Montluc. *Paris, Mat. Leblanc*, 1626, pet. in-8, 2 vol., v. m.

151. Supplément aux mémoires de Condé (publ. par Lenglet du Fresnoy). *Paris*, 1745, in-4, v. fil.

152. Légende de Domp Claude de Guyse, abbé de Cluny, contenant ses faits et gestes, depuis sa nativité jusqu'à la mort du cardinal de Lorraine; et des moyens tenus pour faire mourir le roi Charles Neufieme, etc. (par Dagoneau). *S. l.*, 1581, pet. in-8, cart. (*Piqûre.*)

153. Mémoires particuliers (du duc d'Angoulême, d'Étrées, Deageant, etc.) pour servir à l'histoire de France sous Henri III, Henri IV et Louis XIII. *Paris*, 1756, in-12, 3 vol., v. m.

154. Vies des Dames galantes, par Brantôme. *Leyde, Jean de la Tourterelle (Elzev.)*, 1666, pet. in-12, 2 vol., vél.

155. Les Triomphes de Louis le Juste, XIIIe du nom, représentés en figures énigmatiques et accompagnez de vers françois composés par P. de Corneille, avec les portraits, plans des villes, siéges, etc., publ. par J. Valdor. *Paris, Estienne*, 1649, gr. in-fol., v. br. fil. (*Armoiries.*)

156. Histoire de M. de Cinq-Mars, grand écuyer, et de M. de Thou. In-4.
Manuscrit de la fin du xviie siècle, de 182 pages sur papier.

157. Mémoires de Monsieur de Montrésor. *Leyde, J. Sambex (Elzev.)*, 1665, pet. in-12, 2 vol., v. rac. dent., tr. dor.

158. Mémoires du duc de Rohan. *Paris, Compagnie des Libraires*, 1665, in-12, 2 vol., v. br. fil.
Aux armes et au chiffre du duc d'Orléans, frère de Louis XIV.

159. Histoire du règne de Louis XIV, par Reboulet. *Avignon, Girard*, 1744, in-4, 3 vol., v. m.

    On a joint à cet exemplaire un grand nombre de portraits d'Odieuvre.

160. Journal du siége de Brisac (par de Vizé). *Paris*, 1703, pet. in-12, v.

161. Les Éloges de tous les premiers Présidents du Parlement de Paris, par l'Hermite-Souliers. *Paris*, 1645, in-fol., blasons, v.

162. Recueil de 21 pièces et mémoires concernant l'affaire du Collier. 1784, in-4, 11 portraits, dem.-rel.

163. Collection complète des tableaux historiques de la Révolution française, avec la suite des portraits gravés par Duplessis-Bertaut. *Paris, Didot aîné*, 1798, in-fol., 3 vol., bas.

164. Sacre de Charles X à Reims, le 29 mai 1825. Grand in-fol., 12 pl. lith., dem.-rel.

165. Les Antiquités, chroniques et singularités de Paris, recueillies par Gilles Corrozet, augmentées de nouveau. *Paris, Ve Jean Bonfons, s. d.*, in-16, dem.-mar. (*Lavé.*)

166. Abrégé des annales de la ville de Paris (par Colletet fils). *Paris*, 1664, pet. in-12, dem.-cuir de Russie.

167. La Philologie appliquée à l'histoire, autrement origine et valeur des six noms Versailles et Trianon, Paris, Louvre, Tuilleries et Louis Napoléon, par J. Lapaume, professeur au Lycée de Versailles. *Versailles, Dufaure*, 1857, in-8, 3 vol., br.

168. Paris dans sa splendeur, monuments, vues pittoresques, scènes historiques, descriptions et histoire, dessins et lithographies par Benoist, Ciceri, etc. *Paris, Charpentier*, 1857-60, 50 livr. gr. in-fol.

169. Description générale de l'hôtel royal des Invalides, avec les plans, profils, etc. (par Le Jeune de Boullencourt), *Paris*, 1683, in-fol., fig., dem.-cuir de Russie.

170. Description de la nouvelle église de l'hôtel royal des
Invalides. In-4, mar. vert doublé de mar. rouge.

Manuscrit de 41 feuillets sur papier, signé Felibien. La reliure
porte les armes et le chiffre du roi Louis XIV.

171. Nouvelle description des châteaux de Versailles et
de Marly, par Piganiol de la Force. *Paris*, 1764, in-12,
fig., 2 vol., v.

172. Explication des tableaux de la galerie de Versailles et
de ses deux sallons. *Paris, R. Petit*, 1691, fig.=Le château de Richelieu, par Vignier. *Saumur, Desbordes*, 1676.
=Description des grandes cascades de la maison royale
de St-Cloud (par Harcourt de Longeville). *Paris*, 1706,
in-12, dem.-rel.

173. Description historique des château, bourg et forest de
Fontainebleau, par l'abbé Guilbert. *Paris, Cailleau*, 1731,
in-12, fig., 2 vol., v. br.

174. Souvenirs de Coucy, dessins lithogr., par de Lépi-
nois, avec un texte. *Coucy*, 1834, in-fol., 20 pl. cart.

175. Répertoire archéologique du département de l'Aube,
par d'Arbois de Jubainville. *Paris, Imp. Impér.*, 1861,
in-4, br.

176. Répertoire sur la géographie et la topographie de la
cité d'Auxerre et du pagus de Sens, par Max. Quantin.
Auxerre, 1858, in-4, cartes, br.

177. Études sur la géographie historique de la Gaule et
spécialement sur les divisions territoriales du Limosin,
au moyen âge, par Max. Deloche. *Paris, Imp. Impér.*,
1861, in-4, br.

178. Dictionnaire topographique du département d'Eure-
et-Loir, par Luc. Merlet. *Paris, Imp. Impér.*, 1861,
in-4, br.

179. El R. P. Henr. Florez vindicado del vindicador de la
Cantabria, don Hip. de Ozaeta, por el P. Man. Risco. *Madrid*, 1779, in-4, br.

180. Historia de la ciudad y corte de Léon y de sus reyes,

su autor el P. Manuel Risco. *Madrid, Roman*, 1792, pet. in-4, br.

181. La Castilla y el mas famoso castellano. Historia de Rodrigo Diaz, llamado vulgarmente el Cid. *Madrid*, 1792, in-4, br.

182. Illustrations to Jennings's landscape annual 1836. Andalusia, from drawings by Dav. Roberts. 24 vign. sur chine. in-fol.

183. Tauromaquia o arte de Torear a caballo y a piez, escrita por el profesor Jos. Delgado (vulgo) Hilo ; con una noticia sobre el origen de las fiestas de toros en España. *Madrid*, 1804, in-8, 30 pl. color., br.

184. Delineations of Fonthill and its Abbey, by J. Rutter. *London*, 1823, in-4, fig., demi-mar.

185. Vues choisies (45) d'Amsterdam et ses environs, des-sinées d'après Ch. de Kruyf et autres. *Amst.*, 1825, in-4, fig. sur chine.

186. Gustavi Magni Bellum germanicum, aut. P. Lansber-gio. *Roterod., Arn. Leers*, 1652, in-16, mar. vert, fil., tr. dor.

187. Histoire d'Éric XIV, roi de Suède, trad. du suédois de M. Olof Celsius, par Genet. *Paris*, 1777, in-12, 2 tom. en 1 vol., mar. rou., fil., tr. dor.

188. Rerum moscoviticarum auctores varii unum in corpus nunc primum congesti. *Francof., Wechel*, 1600, in-fol., v. m

189. Histoire de la Russie ancienne et moderne, par Le-clerc. *Paris*, 1783, in-4, 6 vol. et atlas, gr. in-fol., dem.-rel.

190. Opuscules sur l'histoire de Russie, publ. par le prince Aug. Galitzin. *Paris, Techener*, 1856-61, pet. in-12, 8 vol. br.

Rébellion de Stenko-Razin.—Document relatif au patriarcat mos-covite. 1589.—Cosmographie moscovite, par A. Thevet.—Conquête faite par le jeune Démétrius du sceptre de son père.—Vie admirable

de saint Nicolas.—Deffaicte des Tartars et Turcs, par J. Zamoisky.
—Récit du terrible massacre arrivé dans la ville de Moscou.—Témoignage d'un contemporain sur saint Wladimir.

191. Les Voyages de Jean Struys en Moscovie, en Tartarie, en Perse, aux Indes, etc., avec la relation d'un naufrage, par M. Glanius. *Amst., Jac. Van Meurs*, 1681, in-4, fig., v. gr., fil.

192. Marco Polo, Venetiano, delle meraviglie del mondo per lui vedute. *Venezia, G. Imberti*, 1626, pet. in-8, v.

193. Kreta. Ein Versuch zur Aufhellung der Mythologie und Geschischte, der Religion Verfassung dieser Insel, von K Hoeck. *Gottingen*, 1823, in-8, cartes, 3 vol. dem.·mar.

194. Voyage en Turquie et en Perse, en 1846-47 et 48, par Xavier Hommaire de Hell. *Paris, P. Bertrand*, 1854, in-8, 4 vol., br., et atlas in-fol., 29 livr.

195. Voyage archéologique en Grèce et en Asie Mineure, en 1843 et 1844, par Phil. Le Bas et Eug. Landron. *Paris, F. Didot*, 1847, in-4 et in-fol., fig.

Inscriptions, monuments d'antiquité figurée et architecture.—Toutes les livraisons qui ont paru jusqu'à ce jour.

196. Monument de Ninive découvert et décrit par M. Botta, mesuré et dessiné par M. Flandin. *Paris, Gide*, 1850, in-fol. max., fig., 5 vol. en 90 livrais.

197. Histoire de la campagne de Mohacz, par Kemal-Pacha-Zaheh, publ. pour la première fois avec la traduction française et des notes, par M. Pavet de Courteille. *Paris, Imp. Impér.*, 1859, in-8, br.

198. Mémoires historiques et géographiques sur l'Arménie, par F. Saint-Martin. *Paris, I. R.*, 1819, gr. in-8, 2 vol., br.

199. Recherches sur la chronologie arménienne, technique et historique, par Ed. Dulaurier. *Paris, Imp. Impér.*, 1859, in-4, br.

Tome Iᵉʳ, Chronologie technique.

200. Dictionnaire géographique, historique et littéraire de

la Perse et des contrées adjacentes, par Barbier de Meynard. *Paris, Imp. Impér.*, 1861, gr. in-8, br.

201. Histoire du grand Tamerlanes, par Jean du Bec, abbé de Mortemer. *Paris*, 1607, pet. in-12, v. ant., fil.

202. Étude sur la Géographie et les populations primitives du nord-ouest de l'Inde, d'après les hymnes védiques, par M. Vivien de Saint-Martin. *Paris, Imp. Impér.* in-8, br.

203. Glauben, Wissen und Kunst des alten Hindus, von Niklas Mueller. *Mainz*, 1822, in-8, fig., tom. Ier. demi-mar.

204. Le Tcheou-li, ou rites des Tcheou, trad. du chinois par Ed. Biot. *Paris, I. Nat.*, 1851, in-8, 2 vol., plus la table analytique, br.

205. Relation de l'Égypte, par Abd-Allatif, trad. et enrichie de notes par Silvestre de Sacy. *Paris, Treuttel*, 1810, in-4, br.

206. Histoire de la conquête du Mexique, trad. de don Ant. de Solis. *Paris, J. Boudot*, 1691, in-4, fig., v. fil. (*Armoiries.*)

207. Recueil de différentes pièces pour ou contre l'admission des étrangers dans les îles françoises de l'Amérique. 1785, in-8, dem.-rel.

208. Les Vies des hommes illustres de Plutarque, trad. par Dacier. *Paris*, 1721, in-4, 9 vol., v. m. fil.

209. Douze oraisons funèbres diverses de Bossuet, Fléchier, Massillon, etc., éditions originales, in 4.

210. La Vie de Pierre Arétin, par M. de Boispréaux. *Lahaye*, 1750, petit in-12, fig., v.

211. Traités des mésadventures de personnages signalés, tr. du latin de Jean Boccace, par Cl. Witard. *Paris, Nic., Eve*, 1598, petit in-8, mar. vert, fil. tr. dor.

212. Discours mémorables de plusieurs histoires tragi-

www.ingramcontent.com/pod-product-compliance
Ingram Content Group UK Ltd.
Pitfield, Milton Keynes, MK11 3LW, UK
UKHW022345170726
13837UKWH00005BA/2435